Bis dahin immerhin war es die perfekte Poesie

PROSAMINIATUREN von ANKE BREUER

FSC
www.fsc.org
MIX
Papier aus ver-
antwortungsvollen
Quellen
Paper from
responsible sources
FSC® C105338

Impressum

Anke Breuer
**Bis dahin immerhin
war es die perfekte Poesie**
Prosaminiaturen

ISBN: 978-3-757888060

Korrektorat: Dr. Kirsten Weibert
Gestaltung: Claudia Gornik, www.coverboost.de
Herstellung und Verlag: BoD – Books on Demand, Norderstedt
Foto: Curology

Bibliografische Information der Deutschen Nationalbibliothek:
Die Deutsche Nationalbibliothek verzeichnet diese Publikation in der Deutschen
Nationalbibliografie; detaillierte bibliografische Daten sind im Internet über
http://dnb.dnb.de abrufbar.

Bis dahin immerhin war es die perfekte Poesie

PROSAMINIATUREN

Anke Breuer

Inhalt

Die perfekte Poesie

Es regnet auf das Autodach.
Ein blechernes Geräusch.
Rhythmisch, beruhigend.
Mein Herz schlägt im Gleichtakt.
Wir sitzen drinnen, im Trockenen.
Straßenlaternenlicht lässt
dein Gesicht gelb werden,
erzeugt Regentropfenschatten
auf deinen Wangen, bewegte.
Deine Stirn, plötzlich sorgt sie sich,
und deine in der Dämmerung
grauen Lippen sagen:
> *„Ich will nicht mehr."*
Bis zu diesem Moment immerhin
war es
> *die perfekte Poesie.*

Vergiss das nie

Es ist Liebe, weißt du,
das darfst du nie vergessen!
Egal, was auch geschieht.
Denn die Liebe, die Liebe,
sie ist kein Gedicht.
Sie ist
Drama, Leben, Komödie!
Sie ist Treue, Lug, Betrug.
Und mit viel Leidenschaft und
oft auch ohne und trotzdem.
Sie ist alles und nichts,
nicht zu stoppen,
mäandernd, flutend.
Das ist Liebe, weißt du,
aber weiß Gott,
sie ist kein Gedicht!
Ich liebe dich,
vergiss das nicht,
vergiss das nie.

Verletzt

Wenn ich sage,
ich brauche Zeit,
um zu
heilen,
sage ich nicht,
du hättest mich
verletzt.

Sein könnte es aber
durchaus.

Du bist schön

Weißt du,
was am allerschwersten für mich ist?
Mir einzugestehen, ich kann dich nicht reparieren wie
einen kaputten Schuh, einfach flicken, etwas draufnähen,
so dass deine Wunden unsichtbar werden.

Doch was du unbedingt wissen solltest: *Du bist schön,*
auch mit diesen Wunden, du bist wertvoll, auch dann,
wenn du dich wertlos findest. Du bist ein Geschenk, auch
wenn du denkst, du seist eine Last.
Die bist du nicht.

Deine Wunden kann ich nicht heilen, aber vielleicht, und
wenn du es zulässt, streichle ich sie, küsse ich sie, so dass sie
nicht zu Narben werden oder vielleicht nur zu winzigen,
und die, die kann ich dann doch unsichtbar werden lassen,
weißt du.

Wenn du Glück hast

Er ist
in deinen Augen,
der Schmerz.

Weine.

Und wenn du
Glück hast,
verwässert er.

Mein Herz

Mein Herz. Es rast.
Vielleicht, weil es in die Jahre kommt.
Vielleicht, weil es sich nach dir sehnt.
Wer weiß das schon.

Ein Tag wie im November

Es war ein sonderbarer Tag. Ein Tag wie im November.
Und das im August. Als sie ihn das erste Mal traf,
und ihr Leben sich zu verändern begann.
Er war nur mit einer dünnen Jacke bekleidet an einem
solch kalten Tag, zitternd, und hätte sie ihn nicht sofort
geliebt, wäre dies eine andere Geschichte, hätte sie wo-
möglich gelacht.
So aber brannte und brach ihr Herz zugleich in jener
Sekunde. Im August. An einem Tag wie im November.
Als sie dort gemeinsam im Regen unter seinem Schirm
standen und ihr plötzliches Glück und die Tragik da-
hinter verstanden.
Er zitternd. Mit seiner kalten Hand nach ihrer greifend.
Mit dem Mund immer wieder Küsse versuchend.
Nun, wer konnte schon ahnen, dass irgendein Tag im
August und eine fast zufällige Begegnung zwei kleine
Welten so verändern konnte. Weil die Laune der Liebe
beliebig zuschlug. An einem regnerischen Tag. Wie ein
Novembertag. Im August.
Wie ein sonderbarer Tag auf jeden Fall.

Angeschossen

Ein angeschossenes Reh
rennt, stolpert, flüchtet.
Es schreit, stirbt.
Auch du flüchtest, stirbst
immer wieder tausend Tode.
Fühlst dich in die Enge getrieben
bei der kleinsten Kugel,
die dich streift.
Dabei, auch wenn du ausschaust
wie ein Rehlein, zartes,
sind deine Geschosse so viel größer.
Ich habe wohl doch
das dickere Fell.

Da fragst du dich

Du lebst dich zu Tode.
Ich liebe das Leben.
Und da fragst du dich,
was nicht stimmt
        zwischen uns?

Enttäuschung

Enttäuschung
macht sich breit.
Verstecke mich
dahinter.
Passt.

Dein Gesicht, ein Gedicht

Du lehnst an der Wand,
und die Sonne und die Wolken
malen Muster in dein Gesicht.
Dein Gesicht, ein Gedicht.
Du bist Poesie pur,
wie du da an der Wand lehnst,
und die Sonne und die Wolken
ein Gedicht schreiben über dich.

Dies ist kein Liebesbrief

Lieber Freund,

nein, ich habe dich nicht gesucht. Ich habe dich gefunden. Plötzlich. Unerwartet. Unverhofft. Einfach so. Hast mich in den Bann gezogen. Interesse geschürt. Vergrabenes aufgerüttelt. Begehrlichkeiten geweckt. Gemeinsamkeiten entdeckt. Gedanken verschmolzen. Hoffnungen entfacht. Süchtig gemacht.

Wir sind erwachsen. Leben. Atmen. In zwei Welten. Die wir immer wieder verzweifelt versuchen zusammenzubringen. Mal mit mehr Erfolg. Oft ohne. Oft ohne immer öfter.

Ich fühle mich durch dich stark. Ich fühle mich durch dich schwach. Ich bin glücklich. Ich bin traurig. Mir ist vieles jetzt so viel klarer. Und so vieles ist mir schleierhaft.

Mit deinem unerschütterlichen Glauben an meine Fähigkeiten stärkst du mich. Mit deinem liebevollen Blick fühle ich mich geschützt. Mit deiner endlosen Hingabe krönst du mich zur Königin. All das gibt mir Kraft. Wie nie zuvor. Mit deiner Willenskraft setzt du mich unter Druck! Mit deiner Eifersucht setzt du mich außer Gefecht! Mit deiner endlosen Hingabe mir gegenüber verfalle ich zur Süchtigen! All das schwächt mich. Wie nie zuvor.

Ich fühle mich schuldig. Ich fühle mich unschuldig. Ich
will dich sehen. Ich will dich nicht sehen. Ich will dich
hören. Ich will dich nicht hören. Ich will dich. Ich will
dich nicht.
Ich brauche dich. Ich brauche dich. Ich brauche dich.
Du wolltest immer einen Liebesbrief von mir haben.
Sagtest du. Einen echten. Einen großen.
Einen alleserklärenden.
Warst wütend, als du ihn nicht bekamst. Hast nicht ge-
fragt, warum ich ihn nicht schreiben konnte. Ich habe
1000 Briefe begonnen. 1000 Briefe verworfen. Liebevolle.
Liebestolle. Fröhliche. Traurige. Endlose. Endgültige.
Und jetzt dieser Brief. Er ist vermutlich anders, als du ihn
wolltest. Anders aber schaffe ich ihn nicht. Schriebe ich
einen anderen, handelte er von Liebe. Einfach nur von
Liebe. Liebe. Liebe. Liebe. Und wenn du ihn bis zum Ende
gelesen hättest, wäre er längst nicht zu Ende gewesen. Er
wäre endlos. Und am endlosen Ende müsstest du mich
küssen. Für immer.
Einen solchen Brief kann ich einfach nicht schreiben.
Adieu.

Stadtkind

Und plötzlich vermisst
das Stadtkind in mir
das Meer.
Weil du
dort bist.

Einzig

Du schmeckst köstlich!
Und tust mir weh.
Und doch liegt einzig
die Schuld bei mir.
Denn ich ließ dich zu,
dich in mein Herz.
Dort zogst du ein mit
Zuckerbrot und Peitsche.
Köstliches hat nun einmal
seinen Preis.

Eine Art Verzweiflung

Und als er schlussendlich
in sich ging,
seinen Blick
auf sie gerichtet,
war es weg,
dieses Gefühl,
das er früher hatte,
wenn er sie sah.
Und eine Art Verzweiflung
überfiel ihn,
als sie ihn nach
diesem Moment des
Insichgehens fragte:
„Liebst du mich?"

Immerhin

Ein Leben
ohne dich
ist immerhin
ein Leben.

Frag mich das

Warum hast du mich denn nie gefragt, fragst du.
Und ich sage dir, ich wollte dich nicht fragen.
Dich fragen, ob du mich klug, mich schön
oder mich wertvoll findest, ob du mich schützt,
mich hältst oder mir zur Seite stehst in der Not,
oder ob du meine Entscheidungen teilst,
auch wenn sie nicht den deinen entsprechen.
Oder ob du mit mir feierst, mit mir tanzt oder
mich küsst, oder ob du mit mir weinst, mich tröstest,
meine Tränen trocknest.
Ob du mich liebst.
Denn auf all das, auf all das hättest du
allein kommen müssen.
Einzig hätte ich dich fragen können,
weshalb du nie auf die Idee gekommen bist,
mich auf Händen zu tragen.
Aber ich frage mich all das nicht mehr.
Warum sollte ich?
Frag mich das!

Weißt du,
ich bleibe gern, wenn
du die Fesseln durchtrennst.
Denn ich verrate dir
ein Geheimnis:
Sie ketten *dich* an.
Nicht mich.

Ohne ein Wort

Sie ging fort,
ohne ein Wort zu sagen.
Die Menschen im Ort unkten:
Wie konnte sie nur?
Verantwortungslos!
Und was wird aus ihm?
Sie fragten nicht:
Wie geht es ihr?
Wer zieht ihn zur
Rechenschaft?
Oder gar:
Warum haben wir ihr
nicht geholfen?
Sie indes begann ein
neues Leben.
Und nur ab und an noch
kam ihr in den Sinn, dass sie
gerne gefragt worden wäre
nach der
    Wahrheit.

Schmerz überall.
Wohin
mein Herz
auch hört. Und
glückliche Momente
werden surreal.
Kein Wunder,
dass ich da von
Wundern
träume.

Mach das Licht aus, ich möchte weinen.
Wenn du aber magst, darfst du sie fühlen,
die Tränen. Salzig sind sie.
Kitzeln an meinen Wimpern.
Nein! Das Licht bleibt aus!
Es ist einfach nicht das Gleiche,
im Licht zu weinen.
Sie möchten gefühlt werden, die Tränen,
nicht gesehen!
Und nun, nun gib mir deine Fingerspitzen.
Ganz leicht nur streichst du sie
von meiner Wange ab.
Ich glaube, sie mögen dich. Ein bisschen.

Warum ich

Warum ich?
Fragst du mich.
Und ich, ich
verstehe
deine Frage
nicht.

Rot

Ich lackiere meine Nägel rot,
ziehe die Lippen nach
und die Reizwäsche an,
die du mir geschenkt hast,
sprühe dein Lieblingsparfüm
auf Haar und Körper,
trage den Schmuck,
der nach dem letzten Mal
auf meinem Nachttisch lag,
zünde die Kerzen an und
vergesse mich selbst.
Wenn ich also heute
mit dir schlafe,
denke daran, das bin nicht ich,
sondern die, die will,
dass du sie willst.
Mit roten Nägeln und Reizwäsche
bei Kerzenlicht.
Wer sie ist? Das weiß ich nicht.
Eine gänzlich Unbekannte.
Ich lackiere derweil meine Nägel rot,
ziehe die Lippen nach und
vergesse mich selbst.

Konjunktiv

Wir wären gemeinsam
bestimmt glücklich geworden.
Konjunktiv Plusquamperfekt.
Kennst du die Regel?

Untrüglich

Allmählich verblühen die Blumen,
die du mir geschenkt hattest.
Ein untrügliches Zeichen
der Vergänglichkeit.
Von dir gemeint als Zeichen
der Liebe.

Und nun?

Du hast mir die Flügel gestutzt

Du hast mir
die Flügel gestutzt.
Doch jetzt nach einer Weile
spüre ich
kleine flauschige
Spitzen auf meinem Rücken.
Sie wachsen nach,
welch ein Glück,
während du noch immer
irgendwo einsam
deine Scheren schleifst.

Schließe die Türe

Dieser Raum gehört jetzt
wieder mir.
Wovon ich spreche?
Von meinem
    Seelenort.
Und schließe bitte die Türe,
wenn du gehst, leise,
damit es mich ums Gemüt
    nicht friert.

Ausnahmslos

Ein guter Zeitpunkt,
um ab jetzt
ausnahmslos
glücklich
zu sein.

Liebesmathematik

Zwei Körper. Ein Herz.
Zwei Köpfe. Ein Gedanke.
Zwei Paar Lippen. Ein Kuss.
Zwei Paar Augen. Ein Augenblick.
Zwei Paar Hände. Ein Begreifen.
Zwei Paar Füße. Ein Weg.
Zwei Innenleben. Eine Seele.
Zwei Welten. Eine Gegenwart.
Ein Leben. Eine Liebe.

Jahreszeiten

Im Frühling bist du
die große Liebe.
Nichts weniger.
Im Herbst bist du
nur noch der Mensch,
den er auf der Straße trifft.
Der, den er kennt.
Nicht mehr.
Jahreszeiten
kommen und gehen.
Das Leben folgt
seinem Zyklus.

Sich verlieren

„Ein Glas Weißwein, das gönne ich mir heute“,
sagte der alte Mann freitags immer,
wenn er mein Café betrat,
„und einen Teller Ihres Auflaufs.
Er schmeckt fast so gut wie der, den meine Frau macht.
Sie hat heute keine Zeit. Daher komme ich allein.“
Dann nahm er Platz und verlor sich.

Nie trank er den Wein aus, nie aß er den Teller leer.
Mal zahlte er zu viel, mal vergaß er das Zahlen.
Doch mit Betreten des Cafés wirkte er glücklich.
Und ich ließ ihn sich verlieren. Im geschützten Raum.

So verriet ich ihm auch nicht, dass ich ihn einmal,
er bemerkte mich nicht, auf dem Friedhof traf
und las, was auf dem Stein vor ihm stand:
Hier ruht meine geliebte Frau.

Irgendwann kam er nicht mehr zu mir ins Café.
Vielleicht kocht sie jetzt wieder für ihn.

Komm

Komm, wir fliegen
zum Mond.
Dort ist
die Welt
noch in Ordnung.

Lächeln

Sie lächelte. Ununterbrochen.
Sie lächelte, wenn es regnete.
Sie lächelte, wenn die Sonne schien.
Sie lächelte bei meinem kläglichen Versuch,
der chinesischen Sprache nach Jahren des
Lernens nur annähernd beizukommen.
Sie lächelte.
Sie belächelte nie.
Sie lachte nie aus.
Sie lachte erst recht nie laut.
Sie lächelte sogar, als sie mir erzählte, wie sehr
sie ihren Mann vermisste, der in Südchina
arbeitete.
Sie lächelte. Ihre Augen weinten.
Sie lächelte auch zum Abschied.
*„Weißt du, was ich am meisten an Deutschland
vermissen werde? Das Gefühl, hier nicht immerzu
lächeln zu müssen."*
Ich lächelte nicht.
Sie schon.
Und unsere Augen weinten.

Seelending

Beim nächsten
Seelending
gebe ich auf dich,
meine Seele,
besser acht.

Versprochen.

Wunder Punkt

Du hast mir liebevoll
ein Pflaster auf
meine Haut geklebt.
Doch mein wunder Punkt
lag ganz woanders.
Unerheblich.
Ein zarter neuer Flaum
wächst nun über alles,
was kaputt war.
Im Innen und im Außen.

Die Chance darin

Als ich dich traf,
war es, als fiele
ein kleines Stück Himmel
auf meinen Kopf,
streifte mein Herz und
lag mir dann zu Füßen.
Dort liegt es noch immer
und verdorrt.

Die Chance darin
hat sich mir
nie offenbart.

„*Sitz still*", sagt sie
und hält den Kohlestift
warnend auf mich gerichtet,
„*ich möchte dich doch
so echt wie möglich porträtieren!*"
Ich halte still, so still ich kann.
Auf dem Bild
sehe ich mich dann.
Mein Gesicht, meinen Körper,
meine Mimik.
Und doch bin ich nicht ich.
Meine Umrisse sind in echt
niemals klar und scharf.
Und vor allem niemals still.
Ich bin keine
Schwarz-Weiß-Zeichnung.
Ich bin lebendig, bunt,
so oft unscharf!
Sie legt den Kohlestift ab.
Zufrieden.
Und ich hänge mich
an die kahle Wand.
Auch zufrieden. Weil sie es ist.
Und ich für eine Zeitlang
still, schwarz-weiß und
klar umrissen sein durfte.

Wie viele Kaffees noch,
bis wir uns
wiedersehen?

Vielleicht alle Zeit

„*Weißt du*", sagt sie und trinkt ihren Tee,
„*endlich habe ich Zeit, Zeit zu verlieren.*
Ich fühlte mich ewig nicht mehr so frei!
Alles steht still, so auch ich,
und doch ist alles in mir in Bewegung.
Ich lasse zu, mich darauf ein, nehme mir Zeit,
verliere sie, um zu gewinnen.
Klingt das unlogisch, was denkst du?"
Ich schüttle den Kopf. „*Nein*", sage ich,
„*Zeit zu verlieren kann unendlich befreiend sein.*"
Und ich schenke ihr Tee nach, ganz langsam,
haben wir doch gerade
vielleicht alle Zeit der Welt.

Kein Ding

Die Welt,
sie ist kein Ding,
doch auf dich,
auf dich war ich
nicht vorbereitet.

Bleibe doch noch!
Es ist grad so schön.
Und wer weiß schon,
was morgen ist.

Die Autorin Anke Breuer lebt frei nach dem Motto:

Es ist nie zu spät, sich zu poetisieren!

Sie hofft, dass diese Gedanken aus dem Leben und über die Liebe, die heimlich aus der Schublade geflohen sind, um dort zu sein, wo sie unbedingt gebraucht werden, nämlich bei Ihnen und Euch, Freude bereiten, zur Kurzweile und zum Schluchzen einladen.

Danke fürs Lesen!

Eure
Anke Breuer

PS: Manches ist frei erfunden. Manches nicht. Wie im Leben eben. Vollkommen authentisch hingegen ist meine Freundin Dr. Kirsten Weibert, der nichts entgeht. Dankeschön, liebe Kirsten, fürs Querlesen und die immerwährende mentale Unterstützung.
Und wer sich für seine Werke einfühlsame Gestaltung mit vollkommenem Blick aufs Ganze wünscht, ist bei einer weiteren Freundin, Claudia Gornik, Grafikdesignerin, wunderbar aufgehoben! Tausend Dank auch dir, liebe Claudia, für die tolle Umsetzung.

Vita

Anke Breuer, geboren 1971 in der Nähe Düsseldorfs, hat eine Tochter und wohnt in Köln. Einige Jahre lebte und arbeitete sie – in dieser Reihenfolge – in Bulgarien.

Die Autorin ist Übersetzerin, hat als solche nie gearbeitet, dennoch schon vieles übersetzt. In ihrem früheren Leben war sie zumeist als Assistentin oder im Personalbereich in international tätigen Unternehmen angestellt.

In ihrem jetzigen Leben arbeitet sie hier und da im sozialen Bereich und schreibt parallel ohne Punkt und Komma. Just hat sie ihren zweiten Liebesroman – beide möchten noch entdeckt werden – fertiggestellt. Einige ihrer Kurzgeschichten sind bereits veröffentlicht worden.

Ehrenamtlich engagiert sich Anke Breuer mit ihrem Herzensprojekt *Spurwechsel*, das sich mit der Multiplen Sklerose beschäftigt (selbst erkrankt). Der Spurwechsel gewann 2017 einen hochdotierten Preis und wurde 2018 von der Bundesregierung nominiert: www.spurwechsel-ms.de.

Kontaktinfo: anke.breuer@gmx.de

Kurzgeschichten von Anke Breuer findet man u.a.
in folgenden Anthologien:

Hier und da, dann und wann
Südstadt / Schäl Sick. Kurzgeschichten.
Anke Breuer / Oliver Kreuz
124 Seiten
ISBN 978-3-734799334

Sturmgesang
Geschichten über Luft, Liebe und das Leben
252 Seiten
ISBN 978-3-734773891

Erdenwandler
Geschichten über die Erde und die Welt,
in der wir leben
240 Seiten
ISBN 978-3-751993371